CUMBRE

CUADERNO DE EJERCICIOS

NIVEL ELEMENTAL

SGEL

SOCIEDAD GENERAL ESPAÑOLA DE LIBRERÍA, S.A.

Primera edición: 1995

Produce: SGEL-Educación
Marqués de Valdeiglesias, 5, 1.º 28004 MADRID.

Coordinación editorial: Julia Roncero.

Cubierta y Diseño: Erika Hernández.
Maquetación: Erika Hernández.
Dibujos: Gabriel Flores.

I.S.B.N.: 84-7143-512-8
Depósito Legal: M. 1.011-1995
Printed in Spain - Impreso en España.

Compone: Erika Hernández.
Imprime: Gráficas Peñalara, S.A.
Encuaderna: F. Méndez, S.L.

ÍNDICE

I

1. Completa estos diálogos:

2. Ordena este diálogo:

(1) A: *–Yo me llamo Carmen, ¿como estás?*
(2) B: *–Sí, soy Fernando.*
(3) A: *–¿Eres Fernando?*
(4) B: *–¡Hola, Carmen! Muy bien, gracias.*

....

3. Completa estos diálogos:

A: *–¿............... usted Laura Guillén?*
B: *–Sí, ... Laura Guillén.*
A: *–Yo ....el profesor. Me ....*
Alberto. .... gusto.
B: *–.................... .*

A: *–¡Hola! ¿............ tal?*
B: *–..............., gracias. ¿Y ....?*
A: *–...............bien. ¡Hasta ....!*
B: *–Adiós.*

4. Pregunta el nombre:

1) A tu profesor: ¿..?
2) A un amigo de tu hermano/a: ¿..?
3) A un compañero/a de clase: ¿..?
4) Al director del colegio: ¿..?

II

1. Completa con el verbo adecuado *(ser/estar/llamar(se))*:

1) ¿Cómo ...., Juan?
2) ¿Te .... Andrea?
3) ¿Te .... Luisa?
4) Yo .... Alfredo.
5) Me .... Pascual.
6) ¿Cómo .... usted?
7) .... Joaquín. Y tú ¿cómo te ....?

2. Completa con el artículo y terminación adecuados:

1) ..... profesor... se llama Laura.
2) ..... señor... Belmonte es el director.
3) ..... jov..... es francesa.
4) ..... niñ... se llama Antonio.
5) Manuel es un... amig... .
6) Es la compañer... de Luis.

3. Pon el artículo adecuado a cada nombre:

1) .... chico
2) .... compañera
3) .... amigo
4) .... niña
5) .... chica
6) .... señor
7) .... profesor
8) .... estudiante
9) .... joven
10) .... hombre

4. Traduce a tu idioma:

1) Me llamo Rosario. Y tú ¿cómo te llamas?
....
2) Yo me llamo Pilar. ¿Cómo estás?
....
3) Muy bien, gracias. ¿Y tú?
....
4) Yo bien. Muchas gracias.
....

III

1. Presenta a estas personas:

Un amigo

1)......................................
....

María

2)......................................
....

El profesor

3)......................................
....

2. Responde:

1) ¿Cómo te llamas? ....
2) ¿Cómo estás? ....
3) ¿Eres Pascual? ....
4) Te presento a Carlos. ....
5) Te presento al señor Rodríguez. ....

3. Escribe en letra estos números de teléfono:

1) 754087 ....
2) 591382 ....
3) 843216 ....
4) 971354 ....

4. Escribe el nombre de las letras de estos países:

1) Colombia: *ce, o, ele,*..
2) Paraguay: ....
3) Costa Rica: ....
4) Venezuela: ....
5) Bolivia: ....

IV

1. Completa las formas verbales:

	Ser	Estar	Llamar(se)
(yo)	....	....	....
(tú)	....	....	....
(usted)	....	....	....
(él)	....	....	....
(ella)	....	....	....

2. Escribe el femenino de las siguientes palabras:

1) director ....
2) profesor ....
3) señor ....
4) joven ....
5) encantado ....
6) francés ....
7) el ....
8) él ....
9) estudiante ....
10) alumno ....
11) niño ....
12) hombre ....
13) chico ....
14) amigo ....
15) un ....
16) compañero ....

3. Escribe la solución:

1) tres + dos = ...
2) cinco - cuatro = ...
3) tres x uno =..
4) cinco + cinco =...
5) tres x tres + uno - cuatro =.................................

4. Coloca las siguientes palabras en las columnas adecuadas:

María Domínguez Martínez Teresa Rafael Felipe
Lupe Sánchez Pascual Carmen José Pérez

Nombres de mujer	Nombres de hombre	Apellidos

I

1. Completa estos diálogos:

A: *–¿De .... es Alberto?*
B: *–Es .... Bolivia.*
A: *–Entonces es ....*

A: *–¿...... .... es Josefina?*
B: *–...... .... España.*
A: *–Entonces ....*

2. Transforma según el modelo:

1) *Es de Suiza.* *Es suizo/a.*
2) Es de Perú. ....
3) Es de Inglaterra. ....
4) Es de Francia. ....
5) Es de México. ....
6) Es de Cuba. ....
7) Es de España. ....
8) Es de Alemania. ....
9) Es de Italia. ....
10) Es de Colombia ....
11) Es de Rusia. ....

3. Completa con la terminación adecuada:

1) Pam y Bob son ingles..... .
2) Françoise y Brigitte son frances..... .
3) Juan y José son español..... .
4) Laura y Toni son italian..... .
5) Klaus y Christian son aleman..... .
6) Boris y Mijail son rus..... .
7) Lupe y Carmina son mexican..... .

4. Ordena este diálogo:

(1) B: *–Sí, el señor Potter es profesor de inglés.*
(2) A: *–Robert es amigo mío. ¿Puedo hablar con él?*
(3) B: *–Sí, ésta es la academia "Universidad".*
(4) A: *–¿Trabaja aquí Robert Potter?*
(5) B: *–Un momento por favor...*
(6) A: *–Buenos días. ¿Es ésta la academia "Universidad"?*

....

II

1. Niega estas oraciones:

1) Juan es portugués. ....
2) Sofía es española. ....
3) Mi padre trabaja en Valencia. ....
4) Ella se llama Heidi. ....
5) Él es cantante. ....
6) Lupe vive en Argentina. ....
7) Yo hablo español. ....

2. Mira los dibujos y comprueba si son ciertas o no estas afirmaciones:

1) *Yves es cantante.*
No/Sí, Yves no es/es .....

2) Charles es futbolista.
....

3) Laura es secretaria.
....

4) Ann es camarera.
....

5) Chang es español.
....

6) Ibrahim es sueco.
....

3. Forma frases ordenando las palabras:

1) suizo - me - soy - llamo - Hugo - y
....
2) señor - en - este - academia - trabaja - una
....
3) ruso - no - bien - hablo
....
4) cumpleaños - es - mi - hoy
....
5) parque - muy - este - es - agradable
....

4. Traduce a tu idioma:

A: *–¿A qué te dedicas?*
....
B: *–Soy estudiante.*
....
A: *–¿Dónde estudias?*
....
B: *–Estudio en la Universidad de Santiago de Chile.*
....

A: *–¿También vives en Santiago?*
....
B: *–No, vivo en Viña del Mar.*
....
A: *–¿Te gusta Viña del Mar?*
....
B: *–Sí, es una ciudad muy bonita.*
....

III

1. Completa esta tarjeta con tus datos personales:

Apellido(s): (1) ________________ Edad: (3) ______
Nombre: (2) ________________________
Profesión: (4) ________________________
Dirección:
Calle: (5) ________________ País: (7) ______
Ciudad: (6) ________________________
Número de teléfono: (8) ________________
Idiomas: (9) ________________________

2. Responde a estas preguntas:

1) ¿Eres español? ....
2) ¿A qué te dedicas? ....
3) ¿Eres estudiante? ....
4) ¿Hablas bien español? ....
5) ¿De dónde eres? ....
6) ¿Es tu hermano/a profesor/a? ....
7) ¿Es tu amigo/a de España? ....

3. Escribe cinco preguntas para identificar a alguien:

1) ....
2) ....
3) ....
4) ....
5) ....

4. Describe a un amigo tuyo:

1) Edad ....
2) Nacionalidad ....
3) Trabajo ....
4) Domicilio ....

IV

1. Completa con la terminación adecuada del verbo *hablar:*

1) yo ....
2) tú ....
3) él ....
4) ella ....
5) nosotros ....
6) nosotras ....
7) vosotros ....
8) vosotras ....
9) ellos ....
10) ellas ....

2. Pon estas frases en forma negativa:

1) Juan escribe una carta.
....
....
2) Ella habla muchos idiomas.
....
....
3) Los niños hablan francés.
....
....
4) Mis amigos estudian italiano.
....
....
5) Miguel trabaja en casa.
....
....
6) Éste es mi amigo.
....
....
7) Yo estudio francés.
....
....

3. Escribe los nombres de los países de habla española:

4. Escribe las siguientes frases en plural:

1) El niño es mexicano. ....
2) Mi libro es viejo. ....
3) Miguel trabaja en la universidad. ....
4) Él es alemán. ....
5) Este profesor es nuevo. ....
6) La niña no habla bien español. ....
7) Este estudiante es de Irlanda. ....

I

1. Ordena este diálogo:

(1) B: *–Son muy bonitos.*
(2) B: *–¡Qué pequeño!*
(3) A: *–Son el Ayuntamiento y el Instituto Cascales.*
(4) B: *–Y aquellos edificios, ¿qué son?*
(5) A: *–Sí, es pequeño.*
(6) A: *–Mira, Odette. Éste es el río Segura.*

....

2. Relaciona las palabras de cada columna:

1) ciudad	a) pequeño
2) río	b) tranquila
3) edificios	c) estrechas
4) calles	d) bonitos
5) casa	e) antiguo
6) Ayuntamiento	f) nueva

3. Relaciona estos adjetivos con los dibujos:

ruidoso	*bonito*	*alta*
moderno	*tranquila*	*ancha*

1) ....

2) ....

3) ....

4) ....

5) ....

6) ....

4. Escribe en letras estos números:

1) 30 ....
2) 60 ....
3) 40 ....
4) 90 ....
5) 100 ....

II

1. Haz las preguntas que correspondan a estas respuestas:

1) ¿...........................? Es una escuela.
2) ¿...........................? Es un parque.
3) ¿...........................? Es una plaza.
4) ¿...........................? Es un hospital.
5) ¿...........................? Es un monumento.

2. Completa con *del/de/la/al:*

1) Los jardines .... ciudad.
2) Es el sofá ..... comedor.
3) El cuadro .... cocina.
4) Mi padre va .... centro.
5) Es el coche ..... señor Gómez.
6) Es una foto .... Plaza Central.

3. Observa el dibujo y completa las frases:

1) La mesa está .... del comedor.
2) La lámpara está .... sofá.
3) El sofá está .... armario.
4) El armario está ....
5) El televisor está .... la alfombra.
6) El sofá está .... del armario.

4. Traduce a tu idioma:

1) ¿Qué ciudad es ésta?
....
2) ¿En qué país está Buenos Aires?
....
3) ¡Qué bonita es la ciudad!
....
4) La Castellana está en el centro de Madrid.
....
5) En el comedor hay una mesa, seis sillas y una lámpara.
....
6) El sillón está a la izquierda de la ventana.
....

III

1. Observa esta habitación y anota dónde está cada objeto:

La mesa ....
....
....
....

2. Haz una lista de los objetos que hay en tu habitación:

....
....
....
....
....
....
....
....

3. Haz un plano de tu casa/piso ideal y anota los nombres de cada una de las partes:

....
....
....

4. Responde a las siguientes preguntas sobre tu casa:

1) ¿Qué hay en tu comedor?

....

2) ¿Qué hay en tu cocina?

....

3) ¿Hay dos lámparas en el pasillo?

....

4) ¿Tiene jardín tu casa?

....

5) ¿Hay dos baños en tu casa?

....

IV

1. Completa con *del/de la/de los/de las/al/a la/a los/a las:*

1) Las ventanas ...... pasillo y .... habitaciones son grandes.
2) La puerta ...... armario es antigua.
3) Los jardines .... ciudad son bonitos.
4) El comedor está .... derecha.
5) Los niños están junto ...... monumento.
6) Los estudiantes ...... fondo son franceses y los .... izquierda alemanes.

2. Completa con las formas verbales adecuadas:

	Ver	Vivir	Tener
(yo)	....	....	....
(tú)	....	....	....
(él/ella)	....	....	....
(nosotros/as)	....	....	....
(vosotros/as)	....	....	....
(ellos/as)	....	....	....

3. Cambia las preposiciones subrayadas por sus opuestas:

1) La alfombra está <u>encima de</u> la mesa.

....

2) El televisor está <u>delante del</u> sofá.

....

3) La lámpara está <u>a la izquierda</u> de la mesa.

....

4) Los libros están <u>sobre el</u> armario.

....

5) La silla está <u>detrás de</u> la mesa.

....

6) El cuadro está <u>cerca de</u> la lámpara.

....

4. Escribe el número anterior y posterior:

1)	....	cuarenta	....
2)	....	veinte	....
3)	....	sesenta	....
4)	....	ochenta	....
5)	....	diez	....
6)	....	treinta	....
7)	....	cien	....

I

1. Ordena este diálogo:

(1) Madre: *–De acuerdo.*
(2) Madre: *–Sí, es aquí. ¿Dónde puedo aparcar?*
(3) Inés: *–¿Puedo esperar en el coche?*
(4) Madre: *–Estupendo. Bueno, ya está. Vamos a buscar a papá.*
(5) Inés: *–Mira, allí, detrás de aquel coche rojo.*
(6) Inés: *–Es aquí, mamá, en "Nacional".*

....

2. Completa con *aquí/ahí/allí:*

1) Mi libro está .... 2) .... viene Luis. 3) Nosotros estudiamos ....

3. Relaciona las palabras del recuadro con los dibujos:

a la derecha	*recto*	*cerca de*	*frente a*
a la izquierda	*detrás de*	*junto a*	*lejos de*

1)............................. 2)............................. 3)........................... 4)..............................

5)............................. 6)............................. 7)........................... 8)..............................

4. Completa el diálogo:

A: *–Por favor, ¿................ usted dónde está la plaza Díez de Revenga?*
B: *–Lo siento .... soy de ....*
A: *–Por ...., ¿ .... usted .... está la plaza Díez de Revenga?*
C: *–Sí. Está cerca .... la catedral.*
A: *–Muchas ....*
C: *–De ....*

II

1. Completa con las formas adecuadas de *poder/tener/seguir/alegrarse/llamarse:*

1) Jaime e Isabel .... mucho de verse.
2) Para ir a la Plaza Mayor, ... por aquí.
3) Ella .... Antonia.
4) .... usted hasta la calle Antonio Machado.
5) ¿Cómo .... llegar al centro de la ciudad?
6) ¿............................ coche tu amigo alemán?
7) ¿........................ usted decirme dónde está la universidad?

2. Completa con *ir* o *venir:*

1) Juan y Pilar .... a tomar café.
2) Esta tarde .... mis padres.
3) Cristina, ¿.............. o .... al centro?
4) Ellos..................... a visitar a sus tíos.
5) Rosario siempre .... a todas partes en coche.
6) Este autobús ¿de dónde ....?

3. Pregunta por los lugares según el modelo:

–Por favor, ¿sabe usted dónde está Correos?

1) La calle Mayor ....
2) La Plaza de España ....
3) La catedral ....
4) La cafetería ....
5) El aparcamiento ....

4. Traduce a tu idioma:

Estás en la calle Real. Sigue por la Ronda Norte: hay un cine a la derecha. Enfrente del cine hay un supermercado. Gira a la derecha por la calle Antonio Machado. Sigue y gira a la izquierda en la calle Reyes Católicos. El banco está al lado de la oficina de Correos.

....
....
....
....
....
....

III

1. Completa este diálogo:

A: 1) –..

B: *–Sí, hay una oficina de Correos muy cerca de aquí, en la calle Santo Cristo.*

A: 2) –..

B: *–Siga recto, coja la primera calle a la izquierda y luego la segunda a la derecha. Allí está.*

A: 3) –..

B: *–De nada.*

2. Observa el mapa y pregunta dónde están el supermercado, la farmacia, la universidad y el cine:

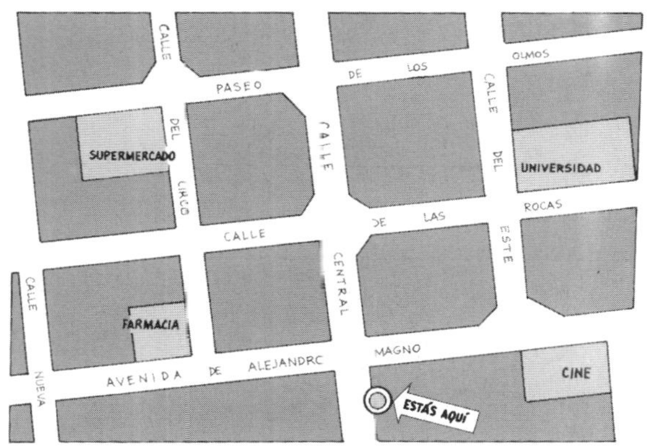

1) ....
2) ....
3) ....
4) ....

3. Escribe los nombres de los lugares más famosos de tu ciudad:

1) ....
2) ....
3) ....
4) ....
5) ....
6) ....

4. Observa el mapa y describe el camino desde tu casa hasta el colegio:

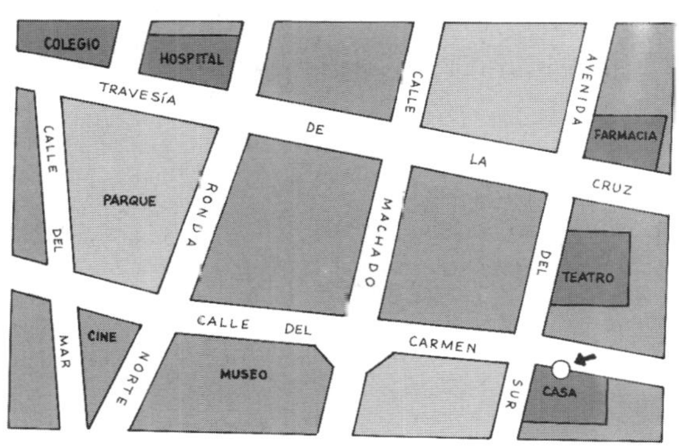

....
....
....
....
....
....

IV

1. Completa con las formas adecuadas del verbo:

	Poder	Venir	Ir
(yo)	....	....	....
(tú)	....	....	....
(él/ella)	....	....	....
(nosotros/as)	....	....	....
(vosotros/as)	....	....	....
(ellos/ellas)	....	....	....

2. Completa con el verbo en imperativo:

1) (Tú) gir.... a la derecha.
2) (Tú) sig.... recto.
3) (Usted) cruc.... por aquí.
4) (Usted) gir.... más adelante.
5) (Usted) sig.... hasta la calle Goya.
6) (Tú) cruz.... allí.
7) (Tú) vet.... por esta calle.
8) (Usted) tom.... la primera a la derecha.
9) (Usted) vay.... por aquella calle.
10) (Tú) tom.... la calle Princesa.

3. Completa con las formas adecuadas del verbo entre paréntesis:

1) Cerca de casa (*haber*) .... un cine.
2) ¿Cómo (*poder*, yo) .... llegar a la estación?
3) Siempre (*tomar*, ellos) .... el metro.
4) Ahora (*ir*, nosotros) .... al cine.
5) ¿(*Alegrar*, vosotros) .... de verme?
6) (*Tener*, yo) .... un coche rojo.
7) ¿Cuándo (*venir*) .... Felipe?

4. Pon el artículo adecuado delante de cada nombre:

1) .... aeropuerto
2) .... plaza
3) .... paseo
4) .... restaurante
5) .... banco
6) .... tienda
7) .... aparcamiento
8) .... avenida
9) .... bar
10) .... kiosco
11) .... supermercado
12) .... cine

I

1. Relaciona las dos columnas:

1) ¿Quieres venir al cine conmigo?
2) ¿Qué haces?
3) ¿Qué escuchas?
4) ¿Te gusta este coche?
5) ¿Quieres venir conmigo a la fiesta?

a) Sí, estupendo.
b) A Beethoven.
c) Sí, me gusta mucho.
d) Leo. Me gusta leer.
e) No, gracias estoy cansado/a.

2. Ordena este diálogo:

(1) Andrea: *–No sé.*
(2) Andrea:: *–¿Qué haces el viernes?*
(3) Irene: *–Si quieres, te invito.*
(4) Andrea: *–Vale. ¿Viene Felipe?*
(5) Irene: *–Voy a una fiesta de cumpleaños. ¿Quieres venir?*
(6) Irene: *–Sí, estupendo.*
(7) Andrea: *–Entonces hasta el viernes.*
(8) Irene: *–Adiós.*

....

3. Ordena las palabras y forma frases:

1) mucho - gusta - le - leer
....
2) escuchar - me - encanta - música
....
3) esta - gusta - le - película - a - Juan
....
4) me - ir - moto - gusta - en
....
5) no - invitado - estás - fiesta - la - a
....

4. Escribe frases opuestas:

Lo odio — *Me gusta/encanta*

1) No me gusta ....
2) Me gusta poco ....
3) Me gusta ....
4) No me gusta ....
5) Me encanta ....
6) Me gusta mucho ....

II

1. Escribe cinco frases sobre gustos. Utiliza los elementos del recuadro:

leer novelas	*hablar con amigos*	*ver la televisión*	*ir al cine*
jugar al tenis	*pasear por el campo*	*ir a fiestas*	*visitar amigos*

1) *Me encanta jugar al tenis.*
2) ....
3) ....
4) ....
5) ....
6) ....

2. Responde afirmativamente o negativamente a estas preguntas:

1) ¿Te gusta la música clásica? No, ...
2) ¿Te gusta el fútbol? No, ...
3) ¿Te gusta ir de vacaciones? Sí, ...
4) ¿Te gusta ver películas? Sí, ...
5) ¿Te gusta leer? Sí, ...
6) ¿Te gusta jugar al baloncesto? No, ...
7) ¿Te gusta pasear? Sí, ...

3. Completa estas frases con el pronombre adecuado:

1) A mí .... gusta escuchar la radio.
2) A Agustín .... gusta el tenis.
3) A nosotros .... gusta estar en casa.
4) A ellos .... gusta pasear por la ciudad.
5) A María .... gusta Luis.
6) A ti .... gusta hacer deporte.
7) A vosotros .... gusta bailar.

4. Traduce a tu idioma:

1) ¿Te gusta esquiar?
....
2) Me encanta pasear por el campo.
....
3) ¿Quieres venir a la fiesta?
....
4) Sí, estupendo, de acuerdo.
....
5) Me gustaría, pero no tengo tiempo.
....

III

1. Escribe cinco frases sobre tus gustos personales:

1) *Me encanta escuchar música de Beethoven.*
2) ....
3) ....
4) ....
5) ....
6) ....

2. Completa esta ficha. Tu amigo/a ideal:

(1) Cómo es: ____
(2) Qué le gusta: ____
(3) Qué no le gusta: ____
(4) Qué odia: ____

3. Escribe dos frases para...

1) Invitar a un/a amigo/a a una fiesta.
....
....

2) Aceptar la invitación.
....
....

4. Acepta o rechaza estas invitaciones:

1) ¿Quieres venir a dar un paseo?
....
2) ¿Podrías acompañarme al supermercado?
....
3) ¿Quieres jugar al baloncesto?
....
4) ¿Podrías darme 2.000 ptas.?
....
5) ¿Quieres ir al cine?
....

IV

1. Completa con los pronombres adecuados:

1) (yo) A .... gusta viajar.
2) (tú) A .... gusta leer.
3) (él/ella) A .... gusta hacer deporte.
4) (nosotros/as) A .... gusta ir al cine.
5) (vosotros/as) A .... gusta la música.
6) (ellos/ellas) A .... gusta pasear.

2. Completa con el pronombre adecuado:

1) A .... nos gusta pasear por la noche.
2) A .... me encanta la música rock.
3) A .... os gusta el té.
4) A .... les gusta la fiesta.
5) A .... le encanta España.
6) A .... te gusta visitar museos.

3. Completa con las formas adecuadas de cada verbo:

	Poder	**Jugar**	**Sentir**	**Querer**	**Hacer**
(yo)	*puedo*	*juego*	*siento*	*quiero*	*hago*
(tú)	....	....	....	....	....
(él/ella)	....	....	....	....	....
(nosotros/as)	....	....	....	....	....
(vosotros/as)	....	....	....	....	....
(ellos/as)	....	....	....	....	....

4. Escribe las palabras en la columna adecuada, según el valor fonético de las letras *c* y *z*:

casa *cine* *bici* *zumo* *cama*
con *cinco* *Concha* *gracias*

[θ]	[k]

I

1. Escribe las expresiones del recuadro en la columna adecuada:

son las cuatro — *es viernes* — *es lunes* — *estamos a cinco de noviembre* — *son las siete y media* — *es la una* — *es martes* — *estamos a tres de marzo de mil novecientos ochenta*

¿Qué hora es?	¿Qué día es hoy?	¿A qué estamos hoy?

2. Escribe una pregunta para cada una de las siguientes expresiones:

1) ¿...? Son las tres y media.
2) ¿...? Hoy es sábado.
3) ¿...? Hoy estamos a tres de diciembre.
4) ¿...? Es la una menos cinco.
5) ¿...? Hoy estamos a doce de enero.
6) ¿...? Hoy es lunes.
7) ¿...? Son las doce y diez.

3. Relaciona el pronombre con su forma verbal:

1) yo	a) sabes
2) ellos/ellas	b) sabéis
3) tú	c) sé
4) nosotros/as	d) sabe
5) él/ella	e) sabemos
6) vosotros/as.	f) saben

4. Traduce estas palabras y expresiones a tu idioma:

1) Vuelta ....
2) Concurso ....
3) ¡Sí, claro! ....
4) Cita ....
5) Estupendo ....
6) ¡Hasta pronto! ....
7) ¿De veras? ....

II

1. Completa las frases con *lo/la/los/las:*

1) ¿Quieres la bici? Sí, ... quiero.
2) ¿Su pasaporte, por favor? Aquí ..... tiene.
3) Éste es tu libro, ¿..... quieres?
4) ¿Su carnet de identidad, por favor? No ..... tengo aquí.
5) ¿Quieres los relojes? Si, ... quiero.
6) ¿Tienes el billete? Sí, ... tengo.

2. Escribe la hora de estos relojes:

1) ....

2) ....

3) ....

4) ....

5) ....

6) ....

3. Forma frases con estas palabras:

1) yo - levantarse - 8.00

....

2) fiesta - cumpleaños - ser - 19.30

....

3) avión - salir - 14.00

....

4) Juan - terminar - clases - 17.00

....

5) El Corte Inglés - cerrar - 21.00

....

6) tren - llegar - 23.45

....

4. Traduce a tu idioma:

1) ¿Qué hora es?

....

2) Son las cinco menos veinticinco.

....

3) ¿Cuántos años tienes?

....

4) Tengo doce años.

....

5) ¿Qué día es hoy?

....

6) Hoy es sábado.

....

7) ¿A qué estamos hoy?

....

8) Hoy estamos a trece de septiembre de mil novecientos noventa y cuatro.

....

III

1. Responde a estas preguntas:

1) ¿Qué día es hoy?

....

2) ¿Y mañana?

....

3) ¿A qué estamos hoy?

....

4) ¿Qué hora es?

....

5) ¿Qué edad tienes?

....

6) ¿Cuántos años tiene tu padre?

....

2. Observa el dibujo y escribe en qué piso viven las personas:

1) *Juan Sánchez vive en el primero.*
2) ....
3) ....
4) ....
5) ....
6) ....
7) ....
8) ....

3. Saluda a estas personas:

1) .... 2) .... 3) ....

4. Completa los nombres de los meses del año:

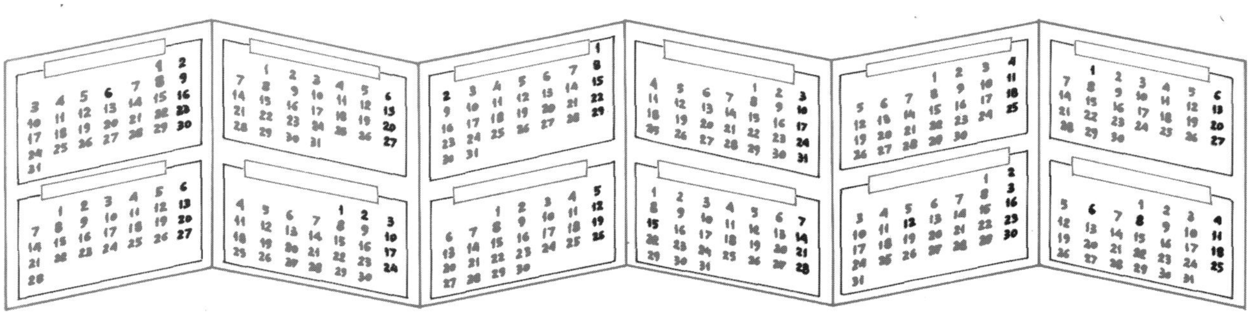

IV

1. Completa con los pronombres *lo/la/los/las:*

1) ¿Conoces a Manolo? Sí, ... conozco bien.
2) ¿Tienes mi libro de español? Sí, ... tengo en casa.
3) ¿Sabes mi nombre? No, no ...... sé.
4) ¿Conocéis a mis amigos? Sí, ... conocemos.
5) ¿Me das estos libros? Sí, te ...... doy.
6) ¿Tienes los billetes? Sí, aquí ...... tengo.

2. Escribe en letra los siguientes números ordinales:

1) 3º ....
2) 7º ....
3) 10º ....
4) 1º ....
5) 2º ....
6) 5º ....
7) 4º ....
8) 8º ....
9) 6º ....
10) 9º ....

3. Completa con *qué/a qué/cómo/cuántos:*

1) ¿...................... hora es?
2) ¿...................... te dedicas?
3) ¿...................... estamos hoy?
4) ¿...................... años tienes?
5) ¿...................... día es hoy?
6) ¿...................... te llamas?
7) ¿...................... edad tienes?

4. Completa con un número cardinal u ordinal:

1) Vivo en el .... piso.
2) Tengo .... años.
3) Son las .... y media.
4) Gira .... veces a la izquierda.
5) Este edificio tiene .... pisos.
6) Hoy estamos a .... de noviembre de mil novecientos noventa.
7) Juan es el .... por la derecha.

I

Nieve / Hace frío
Hace calor / Lluvia

1. Pon el texto adecuado a cada dibujo:

1) ....

2) ....

3) ....

4) ....

2. Escribe el significado de los siguientes signos:

1)..................................

2)..................................

3)..................................

4)..................................

5)..................................

6)..................................

3. Lee el texto y completa el dibujo con los signos adecuados:

El tiempo en la parte norte de España es variable: está muy nublado y hay nieve en la montaña. En los Pirineos nieva y las temperaturas son muy bajas. En el sur hace buen tiempo, con temperaturas muy agradables.

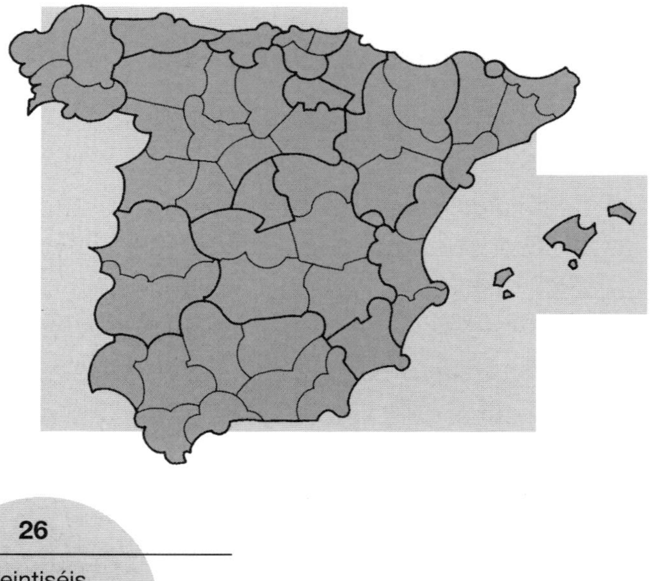

4. Haz frases con estas palabras:

1) Nevar: ....
2) Llover: ....
3) Estar nublado: ....
4) Hacer sol: ....
5) Hacer calor: ....

II

1. Escribe frases con estos elementos:

1) hacer - frío - invierno
....
2) hacer - calor - verano
....
3) hacer - mucho - sol - agosto
....
4) hacer - aire - otoño
....
5) hacer - fresco - primavera
....
6) hacer - sol - norte
....

2. Escribe las preguntas a estas respuestas:

1) Me levanto a las 7.30. ¿..?
2) Te acuestas a las 22.00. ¿..?
3) Juan se levanta a las 8.00. ¿..?
4) Me acuesto a las 24.00. ¿..?
5) Laura se acuesta a las 23.45. ¿..?
6) Nos levantamos a las 9.00. ¿..?

3. Completa con la forma adecuada del adjetivo posesivo:

1) La silla de papá es muy cómoda. .... silla es muy cómoda.
2) La casa de los Martínez es vieja. .... casa es vieja.
3) Las habitaciones de estos jóvenes son bonitas. .... habitaciones son bonitas.
4) Los hermanos de Miguel son muy altos. .... hermanos son muy altos.
5) El coche de Jaime es muy pequeño. .... coche es muy pequeño.
6) Los patines de Elvira están ahí. .... patines están ahí.

4. Traduce a tu idioma:

1) Llueve muy poco.
....
2) Ahora nieva más y hace bastante frío.
....
3) ¿Te traigo el paraguas?
....
4) Hay nubes en toda la parte sur.
....
5) En el norte hace aire y el tiempo no es agradable.
....
6) ¿Llueve mucho en España?
....

III

1. Responde a estas preguntas:

1) Llueve. ¿Qué haces? ....
2) Nieva. ¿Qué haces? ....
3) Hace sol. ¿Qué haces? ....
4) ¿A qué hora te levantas? ....
5) ¿A qué hora te acuestas? ....
6) ¿A qué hora desayunas? ....

2. Escribe: ¿Cómo es el tiempo en tu país?

1) En primavera: ....
2) En verano: ....
3) En otoño: ....
4) En invierno: ....

3. A qué hora ... los domingos:

1) Te levantas: ....
2) Desayunas: ....
3) Comes: ....
4) Sales con tus amigos/as: ....
5) Vuelves a casa: ....
6) Te acuestas: ....

4. Anota: Qué haces generalmente:

1) Los domingos: ....

2) Los demás días de la semana: ....

IV

1. Completa con las formas verbales adecuadas:

	Llover	Nevar	Venir
(yo)	....	....	....
(tú)	....	....	....
(él/ella)	....	....	....
(nosotros/as)	....	....	....
(vosotros/as)	....	....	....
(ellos/ellas)	....	....	....

2. Completa las formas del presente de indicativo (impersonal):

1) Nevar *nieva* 2) Llover ....
3) Haber .... 4) Hacer ....
5) Estar ....

3. Transforma las frases según el modelo:

1) Mi coche está en casa. *Nuestro coche está en casa.*
2) Tu amigo vive en Bogotá. ....
3) Mi libro no está sobre la mesa. ....
4) Su hermana está aquí. ....
5) Su paraguas es nuevo. ....
6) Mi bici está rota. ....
7) Tu tío es alemán. ....

4. Transforma estas frases substituyendo *ir* por *venir:*

1) A las 6.00 de la tarde voy al supermercado.
....
2) A las 8.45 vamos al colegio.
....
3) A las 21.45 vamos al cine.
....
4) En septiembre van a la playa.
....
5) A las 22.00 vamos al concierto.
....
6) En diciembre voy a Sierra Nevada.
....

I

1. Observa esta estatua y anota las partes del cuerpo:

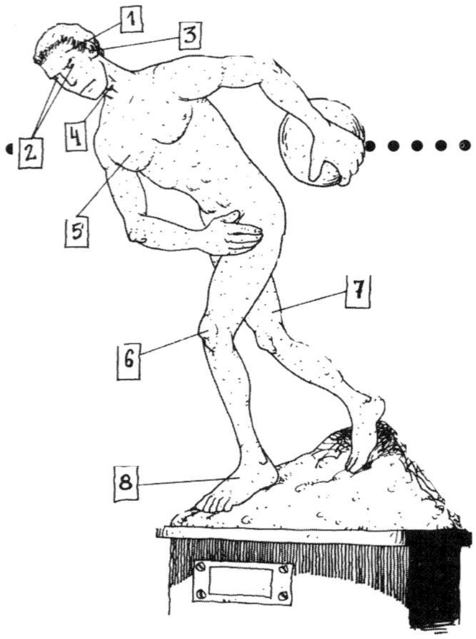

1) ....
2) ....
3) ....
4) ....
5) ....
6) ....
7) ....
8) ....

2. Escribe de qué color o colores te gustan...

1) los coches ....
2) las chaquetas ....
3) los zapatos ....
4) las bicicletas ....
5) las camisetas ....
6) las corbatas ....

3. Ordena estos diálogos:

(1) B: *–Azules.*
(2) B: *–Querría comprar unos pantalones.*
(3) A: *–¿De qué color los quiere?*
(4) A: *–¿Qué desea?*

....

(1) C: *–¿Cuál es su talla?*
(2) D: *–La falda verde y la blusa negra.*
(3) C: *–Muy bien, y ¿de qué color?*
(4) D: *–La 36.*
(5) D: *–Sí, necesito una falda y una blusa.*
(6) C: *–¿Desea algo, señora?*

....

4. Escribe en cada columna las palabras que correspondan:

Chaqueta camisa falda blusa vestido traje
medias calcetines pantalones jersey corbata

Prendas de hombre	Prendas de mujer	Prendas de mujer/hombre

II

1. Completa con la forma verbal adecuada del condicional:

1) ¿(*Querer*) ....usted ayudarme?
2) Le (*gustar*) .... tener un Mercedes blanco.
3) Les (*encantar*) .... ir a México.
4) ¿(*Saber*) .... usted decirme cómo llegar a la Plaza Mayor?
5) (*Desear*, yo) .... estar en la playa.

2. Observa los dibujos y corrige los errores del texto:

Teresa es delgada y morena. Tiene el pelo largo, los ojos negros, la boca grande y la nariz pequeña.

....
....
....

Alfonso es delgado y rubio. Tiene el pelo corto, los ojos negros, la nariz grande y la boca pequeña.

....
....
....

3. Haz una pregunta para cada respuesta:

1) ¿..........................? Me duele la cabeza.
2) ¿..........................? Nos duele la espalda.
3) ¿..........................? Les duele el estómago.
4) ¿..........................? Le duele la pierna.
5) ¿..........................? Me duele el oído
6) ¿..........................? Nos duelen los ojos.

4. Traduce a tu idioma:

1) Me gustan las camisas de seda.
....
2) ¿Desea usted algo más, caballero?
....
3) ¿De qué color prefiere los zapatos?
....
4) Querría comprar una chaqueta de lana.
....
5) ¿Cuál es su talla?
....
6) Tiene los ojos azules y el pelo rubio.
....

III

1. Completa este diálogo.

A: *–¿Qué desea, señor?*
B: (1)...
A: *–¿De qué color quiere el jersey?*
B: (2)...
A: *–Azul. Muy bien. ¿Qué talla, por favor?*
B: (3)...
A: *–La 42, bien. Aquí tiene un jersey azul.*
B: (4)...
A: *–Cuesta 8.500 ptas. ¿Qué le parece?*
B: (5)...
A: *–Entonces lo compra, ¿verdad?*
B: (6)...
A: *–Aquí lo tiene. Adiós y muchas gracias.*
B: (7)...

2. Descríbete a ti mismo/a.

Cuerpo:
1) ....
2) ....
3) ....
4) ....

Vestido:
5) ....
6) ....
7) ....
8) ....

3. Responde a estas preguntas: ¿Qué haces si...

1) tienes dolor de cabeza? ....
2) tienes gripe? ....
3) te duele la espalda? ....
4) tienes fiebre? ....

4. Explica a tu amigo/a qué haces para estar sano:

1) *Hago deporte todos los días.*
2) ....
3) ....
4) ....
5) ....
6) ....

IV

1. Completa con las formas correspondientes, según el modelo.

(yo)	*me*	*a mí*	*mi/mis*
(tú)	....	....	....
(él/ella)	....	....	....
(nosotros/as)	....	....	....
(vosotros/as)	....	....	....
(ellos/ellas)	....	....	....

2. Completa según el modelo:

1) Querer (yo) *querría*
2) Desear (él)....................................
3) Llevar (nosotros)...........................
4) Gustar (tú)....................................
5) Encantar (ella).................................
6) Saber (vosotras)...........................

3. Completa con el verbo en forma condicional:

1) ¿(*Poder*) .... usted decirme la hora?
2) (*Querer*, vosotros) .... comprar este coche.
3) ¿Les (*gustar*) .... vivir aquí?
4) Me (*encantar*) .... leer este libro.
5) (*Querer*, él) .... un kilo de naranjas.
6) ¿Os (*gustar*) .... cenar con nosotros?

4. Escribe todas las palabras que conozcas referidas a...

1) Ropa de mujer: ....
....
....
2) Ropa de hombre: ....
....
....
3) Dolor(es): ....
....

I

1. Ordena este diálogo:

(1) B: *–A 2.000 ptas. el kilo.*
(2) A: *–Y la merluza, ¿a cuánto está?*
(3) B: *–¿Desea alguna cosa más?*
(4) A: *–¡Qué cara! Póngame un kilo y medio de salmón.*
(5) B: *–Sí señora. Aquí lo tiene.*
(6) A: *–No, eso es todo. ¿Cuánto es?*
(7) B: *–A 1.000 ptas. el kilo.*
(8) A: *–¿Tiene usted salmón fresco?*
(9) B: *–Son 1.650 ptas.*
(10) A: *–¿Cuánto cuesta?*

....

2. Completa según el modelo:

1) caro *carísimo*
2) bueno ....
3) guapo ....
4) alta ....
5) feo ....
6) baja ....
7) grande ....
8) malo ....

3. Relaciona cada uno de los elementos de las dos columnas:

a) Las manzanas
b) El pollo
c) Estos niños
d) El queso
e) Este salmón

1) son igual que su padre.
2) es tan fresco como la merluza.
3) son más baratas que las peras.
4) es menos caro que la ternera.
5) es tan bueno como la leche.

4. Escribe los alimentos del recuadro en la columna adecuada:

sardina manzana plátano agua vino naranja tomate pollo merluza ternera lechuga manzana cordero salmón cerveza patata

bebidas	verduras	frutas	carnes	pescados

II

1. Escribe una pregunta para cada respuesta:

1) ¿...? Este libro es para Pedro.
2) ¿...? Sí, este bolígrafo es para Juan.
3) ¿...? No, estos regalos son para ellos.
4) ¿...? Estas manzanas son para nosotros.
5) ¿...? Sí, es para ti.
6) ¿...? Loli hace un dibujo para su amigo.

2. Observa la lista de precios. Escribe frases indicando el precio de los distintos artículos:

Tomates	250 ptas./kg.
Lechuga	40 ptas.
Patatas	30 ptas./kg.
Manzanas	125 ptas./kg.
Plátanos	250 ptas./kg.
Naranjas	135 ptas./kg.

1) ....
2) ....
3) ....
4) ....
5) ....
6) ....

3. Transforma según el modelo:

1) ¿Es bueno el pollo?
   Sí, es buenísimo.
2) ¿Son caros los libros?
   ....
3) ¿Es alto el edificio?
   ....
4) ¿Es pequeña la radio?
   ....
5) ¿Son buenas las naranjas?
   ....
6) ¿Es barata la merluza?
   ....
7) ¿Está mala la comida?
   ....

4. Traduce a tu idioma:

1) ¿Tiene usted salmón?
   ....
2) ¿Cuánto cuesta un kilo de cordero?
   ....
3) Quisiera dos kilos de naranjas.
   ....
4) ¿Prefiere de éstas o de aquéllas?
   ....
5) ¿Para quién es la corbata?
   ....
6) ¿De quién es este coche?
   ....

III

1. Contesta a estas preguntas:

1) ¿Qué es más caro, la carne o el pescado?
....
2) ¿Qué son más baratas, las naranjas o las manzanas?
....
3) ¿Qué es más rápido, un coche o un avión?
....
4) ¿Qué es más alto, una casa o un edificio?
....
5) ¿Qué es más barato, un jersey o un traje?
....
6) ¿Qué son más caras, las sardinas o la merluza?
....

2. Completa el siguiente diálogo:

A: *–.......... .... marcos alemanes. ¿......... .... está el marco?*
B: *–.......... 80 ptas.*
A: *–.......... .... doscientos marcos.*
B: *–.......... bien.*
A: *–¿............ pesetas son en..........?*
B: *–.......... 16.000 ptas. ¿Cómo las ....?*
A: *–En .... de mil, por...............*
B: *–Muy .... Aquí.............*
A: *–Muchas .... Adiós.*
B: ....

3. Escribe una pregunta adecuada para preguntar...

1) Por el precio de una corbata.
....
2) Cuántas pesetas vale el dólar.
....
3) Cuánto cuesta un kilo de manzanas.
....
4) Para quién es el regalo.
....
5) Por el color preferido de alguien.
....
6) De quién es la casa.
....

4. Averigua cuánto cuestan estos artículos en tu país y compara los precios con los de España (II., ejercicio 2):

1) Tomates: *Los tomates son más baratos en España que en* ....
2) Lechuga: ....
3) Patatas: ....
4) Manzanas: ....
5) Plátanos: ....
6) Naranjas: ....

IV

1. Completa estas frases con las formas de comparativo de los adjetivos entre paréntesis:

1) Mis patines son (*buenos*) .... que los tuyos.
2) Esta casa es (*pequeña*) .... que la casa de Jaime.
3) Esta película es (*mala*) .... que la película que vimos ayer.
4) María lleva una falda (*corta*) .... que la falda de su amiga.
5) Creo que este ejercicio es (*fácil*) .... que el ejercicio número 5.
6) Estos cuadros son (*bonitos*) .... que los cuadros tuyos.
7) Este pantalón azul parece (*grande*) .... que el pantalón blanco.

2. Observa el siguiente cuadro y completa las frases:

1 US dólar	138 ptas.
1 marco alemán	80 ptas.
1 franco francés	23 ptas.
1 franco suizo	92 ptas.
1 libra esterlina	204 ptas.
1 corona danesa	120 ptas.
1 E.C.U.	154 ptas.

1) Un dólar cuesta .... un marco alemán.
2) Un E.C.U. cuesta .... un franco suizo.
3) Una libra esterlina cuesta .... un dólar.
4) Una corona danesa cuesta .... una peseta
5) Un franco francés cuesta .... un franco suizo.
6) Una peseta cuesta .... un marco.

3. Transforma estas frases según el modelo:

1) La merluza es cara. — *La merluza es carísima.*
2) Las naranjas son baratas. — ....
3) Esta chaqueta es moderna. — ....
4) Este queso es caro. — ....
5) Esta carne es buena. — ....
6) Estos plátanos están malos. — ....
7) Hoy estoy cansado. — ....

4. Completa con *b/v:*

1) ....aso
2) ....arato
3) ....anco
4) Cu....a
5) a....enida
6) ....enir
7) ....e....er
8) ....acaciones
9) ....ajar
10) ....er
11) ....osotros
12) ....arco

I

1. Completa las frases con los verbos del recuadro en pasado y luego ordénalas:

pintar	*pasar*	*cursar*
nacer	*hacer*	*emigrar*

1) .... su primer cuadro en 1928.
2) Juan Belmonte .... en 1914.
3) .... estudios en la Academia de San Pablo.
4) .... la niñez en Jaén.
5) .... su primera exposición en 1932.
6) .... a México en 1940.

2. Haz preguntas sobre las frases del ejercicio anterior, según el modelo:

1) *¿Cuándo nació Juan Belmonte?*
2) ....
3) ....
4) ....
5) ....
6) ....

3. Relaciona los elementos de cada columna:

1) nosotros/as	a) viví -vivía
2) él/ella	b) vivimos - vivíamos
3) yo	c) vivió - vivía
4) tú	d) vivieron - vivían
5) ellos/ellas	e) vivisteis - vivíais
6) vosotros/as.	f) viviste - vivías

4. Ordena las palabras y forma frases en el pasado:

1) celebrar - Expo '92 - Sevilla - en
....
2) 1881 - Pablo Picasso - nacer - en
....
3) pasar - niñez - Pedro - en - su - Alemania
....
4) a - en - llegar - hombre - primer - luna - 1969 - el - la
....
5) empezar - fiesta - tarde - muy - la
....
6) estudiar - Carmen - Estados Unidos - en
....

II

1. Completa con la forma verbal en pretérito indefinido:

1) me gusta	*me gustó*	7) él sale	....
2) él llega	....	8) nosotros tomamos	....
3) ella está	....	9) ella tiene	....
4) Juan vive	....	10) ellos compran	....
5) nos encontramos	....	11) nos encanta	....
6) vosotros practicáis	....	12) te apetece	....

2. Transforma las siguientes frases según el modelo:

1) Alberto estudiaba en un colegio.	*Alberto estudió en un colegio.*
2) Los niños vivían en Madrid.	....
3) Laura se acostaba a las 22.00.	....
4) Me duchaba por la mañana.	....
5) Nosotros volvíamos tarde.	....
6) Ellos se levantaban a las 8.00.	....
7) Elvira escuchaba música clásica.	....

3. Completa con la forma adecuada de los verbos entre paréntesis:

1) Juan (*ir*) .... ayer al partido de fútbol.
2) El año pasado (nosotros, *estar*) .... en Francia.
3) Ayer no (yo, *poder*) .... llamarte por teléfono.
4) La semana pasada (*hacer*) .... mucho frío.
5) En 1986 (yo, *estar*) .... en Noruega.
6) Mi hermano no (*tener*) .... suerte en el examen de ayer.

4. Relaciona las formas verbales de cada columna:

a) ir	1) pude
b) estar	2) tuve
c) oír	3) hice
d) hacer	4) oí
e) tener	5) fui
f) ser	6) estuve
g) poder	7) fui
h) escribir	8) compré
i) ver	9) escribí
j) comprar	10) vi

III

1. Observa los siguientes dibujos y escribe lo que hizo Amalia el pasado fin de semana:

1) ....
....

2) ....
....

3) ....
....

4) ....
....

5) ....
....

2. Responde a estas preguntas:

1) ¿Has estado alguna vez en España? ....
2) ¿Estuviste ayer en el colegio? ....
3) ¿Dónde pasaste tus últimas vacaciones? ....
4) ¿Has visto alguna película de Almodóvar? ....
5) ¿Has visitado el Museo del Prado? ....
6) ¿Qué hiciste el pasado fin de semana? ....

3. Observa los siguientes dibujos y narra lo que sucedió. Utiliza las palabras *primero/luego/después/finalmente:*

....
....
....
....

4. Escribe frases sobre hechos importantes de tu vida:

1) Nacimiento: ....
....
2) Estudios: ....
....
3) Viajes: ....
....

IV

1. Completa con las formas verbales que faltan:

	Estar		Ser	
(yo)	*estaba*	*estuve*	*era*	*fui*
(tú)	....	....	....	....
(él/ella)	....	....	....	....
(nosotros/as)	....	....	....	....
(vosotros/as)	....	....	....	....
(ellos/ellas)	....	....	....	....

2. Escribe las formas adecuadas del verbo en pretérito imperfecto e indefinido

1) pasear (yo)	*paseaba*	*paseé*
2) nacer (él)	....	....
3) vivir (nosotras)	....	....
4) hacer (tú)	....	....
5) oír (ellas)	....	....
6) tener (yo)	....	....
7) ir (nosotros)	....	....
8) poder (ella)	....	....

3. Completa con la forma adecuada del verbo en pretérito perfecto:

1) Hoy te (*ver*) .... en el colegio.
2) Esta mañana (tú, *estar*) .... en clase.
3) María (*ir*) .... al cine.
4) ¿A qué hora (tú, *volver*) .... a casa?
5) ¿(tú, *comprar*) .... el periódico esta mañana?
6) Ellos (*salir*) .... a cenar con Alberto.

4. Lee estas palabras y pon el acento gráfico si es necesario:

1) color
2) cancion
3) simpatico
4) clase
5) bici
6) musica
7) arbol
8) dia
9) camion
10) bonito
11) rio
12) profesion
13) cafe
14) Mexico
15) español
16) playa

I

1. Completa las siguientes frases con las expresiones/palabras del recuadro:

qué mal gusto	*pienso que*	*no .... nada*	*qué*	*prefieren*

1) Las chicas .... a los chicos morenos.
2) ¿Has visto .... tiene?
3) Su cara .... me gusta ....
4) .... Marta es muy inteligente.
5) ¡........ hambre tengo!

2. Relaciona cada pregunta con su respuesta:

a) ¿Te gustaría ir a Sevilla?
b) ¿Te apetece ver una película?
c) ¿Quieres leer el periódico?
d) ¿Te apetecería comer hoy fuera de casa?
e) ¿Te gustaría ir de vacaciones a España?
f) ¿Qué prefieres hacer ahora?

1) No, hoy me apetece hacer una paella en casa.
2) No, prefiero leer una novela.
3) No, hoy no me apetece ir al cine.
4) Sí, me encanta viajar.
5) Me gustaría ir de compras al supermercado.
6) Sí, me encantaría conocer ese país.

3. Ordena este diálogo:

(1) Berta: *–¡Qué guapo es!, ¿verdad?*
(2) Ana: *–Prefiero a Manuel. Es más alto y además rubio.*
(3) Ana: *–La verdad es que Rafael no está mal, pero no soporto a sus amigos.*
(4) Berta: *–¡Qué tonta eres! Oye, ¿a dónde vas?*
(5) Berta: *–Adiós.*
(6) Ana: *–¡Mira! Ahí viene Rafael.*
(7) Berta: *–No entiendo por qué no te gustan los chicos morenos como Rafael.*
(8) Ana: *–Me voy a casa. Mañana tengo un examen. Hasta luego.*

....

4. Ordena las palabras y forma frases:

1) prefiero - fútbol - jugar - al
....
2) amigos - les - mis - libro - a - gusta - no - este
....
3) quiere - Juan - trabajar - oficina - una - en
....
4) por - siento - María - lo - mucho
....
5) padres - cenar - mis - prefieren - casa - en
....
6) no - Marta - nada - ya - siente - por - novio - su
....
7) estudiar - John - español - Bill - quieren - y
....

II

1. Escribe la forma adecuada del verbo entre paréntesis:

1) ¿Has (*ver*) .... mi dibujo?
2) Juan ha (*estudiar*) .... mucho para el examen.
3) He (*pensar*) .... regalarte unos zapatos.
4) María José no ha (*venir*) .... esta tarde
5) Ellos han (*estar*) .... muy enamorados.
6) Isabel siempre ha (*tener*) .... buenos amigos.

2. Escribe las expresiones opuestas:

1) ¡Qué estudiosa!
....
2) ¡Qué bonitos!
....
3) ¡Qué caro!
....
4) ¡Que guapa!
....
5) ¡Qué camisa tan horrible!
....
6) ¡Qué buena es!
....

3. Completa las siguientes frases con *lo/la/le/los/las/les:*

1) A Juan no .... gusta comer solo.
2) ¿....... gusta a ellos llevar pantalones vaqueros?
3) A ellos .... da lo mismo.
4) A mi tía Rosario .... queremos mucho.
5) A tus amigas .... hemos visto esta mañana.
6) A los hijos de Ramón .... invitamos a cenar.

4. Traduce a tu idioma:

1) Las chicas prefieren a los chicos altos y rubios.
....
2) Pienso que tú eres más inteligente.
....
3) ¡Qué simpático eres!
....
4) ¡No la soporto!
....
5) Su mirada no me gusta nada.
....
6) Lo siento por vosotros.
....

III

1. Responde a estas preguntas:

1) ¿Te apetece ir al cine el sábado?
....
2) ¿Te gusta jugar al baloncesto?
....
3) ¿Qué le vas a regalar a Juanita?
....
4) ¿Has estado en Bolivia?
....
5) ¿Te gustan los chicos/as con ojos azules?
....
6) ¿Os conocisteis en el colegio?
....

2. Escribe una frase para expresar...

1) Alegría: ....
2) Tristeza: ....
3) Dolor: ....
4) Disculpa: ....
5) Desagrado: ....

3. Observa los dibujos y escribe lo que dirías en estas situaciones:

1) ....

2) ....

3) ....

4) ....

5) ....

4. **Observa los dibujos, describe los dos coches y di cuál prefieres:**

....
....
....
....

IV

1. **Responde según el modelo:**

1) ¿Te gusta ver la televisión? *Sí, a mí me gusta ver la televisión.*
2) ¿Te apetece comer algo? ....
3) ¿Os gusta ir a la playa? ....
4) ¿Les gusta viajar? ....
5) ¿Te gusta este libro? ....
6) ¿Te apetece un café? ....
7) ¿Os gusta estudiar español? ....

2. **Completa el siguiente cuadro con la forma verbal adecuada:**

	Sentir	**Preferir**	**Querer**	**Pensar**
(yo)	*siento*	*prefiero*	*quiero*	*pienso*
(tú)	....	....	....	....
(él/ella)	....	....	....	....
(nosotros/as)	....	....	....	....
(vosotros/as)	....	....	....	....
(ellos/as)	....	....	....	....

3. **Transforma las siguientes frases según el modelo:**

1) Es mi dinero. *Es el mío.*
2) Es mi coche. ....
3) Es tu motocicleta..
4) Es su (*de él*) libro..
5) Es nuestra comida. ....
6) Son vuestras camisas. ....
7) Son sus (*de ellos*) sillas. ....

4. **Escribe los opuestos de...**

1) Contento/a ....
2) Aburrido/a ....
3) Inteligente ....
4) Joven ....
5) Gordo/a ....
6) Guapo/a ....
7) Agradable ....

I

1. Relaciona los elementos de cada columna:

1) Me levanto — a) 8.45
2) Solemos desayunar — b) 8.00
3) Empiezo a trabajar — c) 14.00
4) Solemos comer — d) 21.00
5) Solemos cenar — e) 23.30
6) Me acuesto — f) 7.30

2. Escribe las formas de participio de cada verbo:

1) Leer *leído*
2) Dormir ....
3) Escuchar ....
4) Ser ....
5) Ver ....
6) Decir ....
7) Hacer ....

3. Ordena las palabras y forma frases:

1) horas - españoles - ocho - dormir - media - los - solemos - una - de
....
2) 25 - unos - sueño - quita - años - vida - el - nos - de
....
3) español - media - casi - de - diaria - un - trabaja - cuatro - horas
....
4) comer - España - tarde - en - suele - se - más - Inglaterra - que - en
....
5) me - a - ensalada - encanta - mediodía - tomarme - una - tomate - con
....

4. Completa con el verbo más apropiado del recuadro:

leer	*dormir*	*escuchar*	*ser*	*ver*	*decir*	*hacer*

1) ¿Sueles .... la televisión los viernes?
2) Juan suele .... un buen estudiante.
3) Ellos suelen .... por las mañanas el periódico.
4) Suelo .... las noticias por la radio.
5) María suele .... la verdad.
6) ¿Sueles .... tus deberes?
7) ¿Cuántas horas al día sueles ....?

II

1. Completa con *cuánto/cuánta/cuántos/cuántas:*

1) ¿.................. amigos tienes?
2) ¿.................. fruta has comprado?
3) ¿.................. naranjas quedan?
4) ¿.................. azúcar quieres?
5) ¿.................. pan sueles comer?
6) ¿.................. leche te pongo?

2. Completa con *un/una* si es necesario:

1) No suelo tomar .... leche por la mañana.
2) ¿Quieres .... vaso de agua?
3) Ponme sólo .... poco de azúcar.
4) Quiero .... kilo de manzanas.
5) No tomo .... pan con las comidas.
6) ¿Te apetece .... poco de queso?

3. Responde según el modelo:

1) ¿Trabajas mucho? *Sí, hoy he trabajado diez horas.*
2) ¿Estudias mucho? ....
3) ¿Ves la TV con frecuencia? ....
4) ¿Escuchas la radio? ....
5) ¿Juegas al tenis? ....
6) ¿Lees revistas? ....
7) ¿Escribes mucho? ....

4. Traduce a tu idioma:

1) Alberto suele dormir una media de siete horas diarias.
....
2) ¿Cuánta mantequilla necesitáis?
....
3) Necesito bastante azúcar.
....
4) En España se suele comer a las 14.00
....
5) En este restaurante se come muy bien.
....
6) Mis amigos suelen tomar el aperitivo a la una.
....

III

1. Contesta las siguientes preguntas:

1) ¿Qué soléis comer en Navidad?
....
2) ¿A qué hora os soléis levantar?
....
3) ¿Soléis tomar tapas antes de comer?
....
4) ¿A qué hora os soléis acostar?
....
5) ¿Qué soléis desayunar?
....
6) ¿Soléis ir pronto a la cama?
....

2. Completa las siguientes frases:

1) A las 7.00 de la mañana ....
2) Me gusta mucho leer; por eso ....
3) ¿Qué .... por la tarde?
4) ¿A qué hora ....?
5) Mi hermano suele ....
6) En mi país comemos ....

3. Escribe dos frases sobre tus actividades/costumbres habituales referidas a...

1) Los estudios: ....
....
2) El deporte: ....
....
3) El fin de semana: ....
....

4. Observa los dibujos y escribe frases utilizando *un/una; un poco de; poco/poca; bastante; mucho/mucha:*

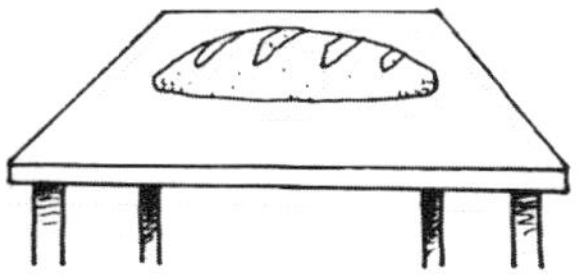

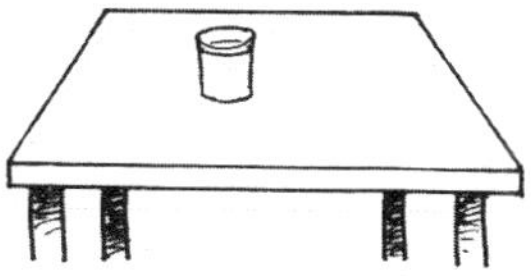

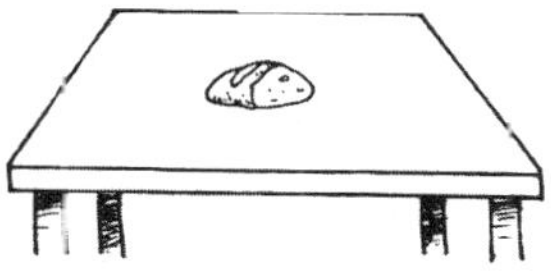

1) ... 2) ... 3) ...

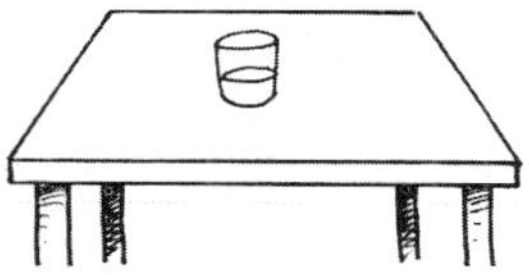

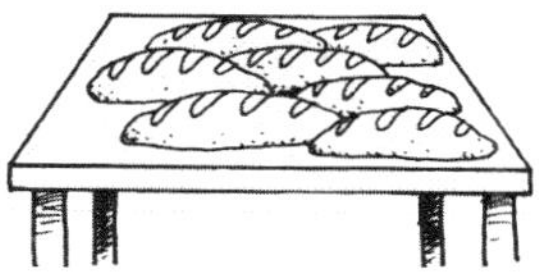

4) ... 5) ... 6) ...

IV

1. Responde con una frase:

1) ¿Cuántas horas duermes?
...
2) ¿Cuántos amigos/as tienes?
...
3) ¿Cuántas veces has estado en un país extranjero?
...
4) ¿Cuántas horas estudias al día?
...
5) ¿Cuántos minutos tiene una hora?
...
6) ¿Cuánto cuesta un kilo de manzanas?
...

2. Transforma según el modelo:

1) Vendemos fruta. *Aquí se vende fruta.*
2) Compramos libros usados.
...
3) En la universidad estudiamos mucho.
...
4) Comemos a las 14.00.
...
5) Necesitamos ayuda.
...
6) Enseñamos español.
...
7) Desayunamos muy temprano.
...

3. ¿En qué palabras del recuadro la '*y*' no se pronuncia /i/?

estoy	*mayor*	*ya*	*hay*	*yo*
mayo	*yoga*	*hoy*	*yogurt*	

1) ...
2) ...
3) ...
4) ...
5) ...
6) ...

4. Escribe cinco palabras referidas a:

1) Frutas/verduras: ...
2) Legumbres/cereales: ...
3) Carnes/pescados: ...
4) Derivados de la leche: ...

I

1. Relaciona los elementos de cada columna:

a) Juan
b) El profesor
c) Nosotros
d) Ustedes
e) Los niños
f) Vosotros

1) estuvimos paseando por el campo.
2) no tenía suerte con lo que hacía.
3) fueron al colegio después de comer.
4) os sentíais cansados después del partido de tenis.
5) explicó una lección sobre el cuerpo humano.
6) llegaron media hora tarde.

2. Ordena las palabras y forma frases:

1) ganó - Juan - premio - un - pasado - año - el
....
2) dormido - poco - he - hoy
....
3) tarde - la - al - semana - llegué - pasada - colegio
....
4) un - notó - dolor - pierna - en - la
....
5) baloncesto - ayer - jugando - estuvimos - al
....
6) sido - hoy - buen - un - ha - día
....

3. Completa con las formas verbales adecuadas:

	Indefinido	**Imperfecto**	**Pret. Perfecto**
Hacer (él)	....	*hacía*	....
Llegar (nosotros)	*llegamos*	....	....
Dormir (tú)	....	....	*has dormido*
Querer (vosotros/as)	....	*queríais*	....
Comer (yo)	....	....	....
Sentir (ellos)	....	....	....
Cocinar (ella)	....	....	....

4. Completa las frases siguientes con las palabras del recuadro:

llegaron	*estuvimos*	*fue*	*han dormido*	*hiciste*	*has levantado*

1) ¿Qué .... ayer?
2) ¿A qué hora te .... hoy?
3) El concierto .... en el Teatro Romea.
4) ¿Cuántas horas .... los niños?
5) Ayer .... todos tarde a clase.
6) .... escuchando música hasta muy tarde.

II

1. Transforma las siguientes frases, según el modelo:

1) Todos los días compro el periódico. *Todos los días compraba el periódico.*
2) Como en casa de mis padres. ....
3) Vivimos en el cuarto piso. ....
4) Salen a pasear todas las tardes. ....
5) Siempre lleva un traje gris. ....
6) Es estudiante de medicina. ....
7) Les gusta escribir cartas. ....

2. Haz frases utilizando el pretérito indefinido:

1) (yo) - tarde - llegar - cine - al
....
2) jersey - él - su - ponerse - nuevo
....
3) ir - Madrid - ellos - en - a - coche
....
4) fritas - hacer - con - Manuel - carne - patatas
....
5) (nosotros) - libros - traer - los
....
6) (yo) - sentir - pie - el - dolor - en - un
....

3. Completa las frases con la forma adecuada de los verbos del recuadro:

estar	*hacer*	*despertar*	*llover*	*salir*	*ir*

1) Este año .... mucho frío.
2) Hace dos semanas (nosotros) .... en la playa.
3) El mes pasado me .... de vacaciones.
4) Jaime .... hace cinco minutos.
5) Estos dos últimos días .... bastante.
6) Esta mañana se .... con dolor de cabeza.

4. Traduce a tu idioma.

1) Hoy ha sido un buen día.
....
2) Por la mañana se levantó con buen humor.
....
3) Quizás le estaban esperando.
....
4) El año pasado fui a Madrid en mi coche.
....
5) La alegría y el buen humor se convirtieron en tristeza.
....
6) Bueno, mañana te lo cuento todo.
....

III

1. Escribe una pregunta para cada respuesta:

1) ¿...? Nunca he visto a esta chica.
2) ¿...? Mi hermano me ha escrito una carta.
3) ¿...? Se me ha caído la cartera.
4) ¿...? He jugado al tenis.
5) ¿...? Hemos ido al teatro.
6) ¿...? El profesor nos ha invitado a café.

2. Completa las siguientes frases:

1) Él me preguntó y yo ....
2) Los vi y ellos ....
3) Estuvo lloviendo y nosotros ....
4) María me pidió el libro y yo...
5) Yo me fui y mis amigos/as ....
6) Los invitamos a cenar pero ellos ....

3. Describe cinco acciones que hacías cuando eras niño/a:

1) .... 2) ....
3) .... 4) ....
5) ....

4. Observa los dibujos y cuenta lo que le pasó a Pedro:

....
....
....

IV

1. Completa con las formas verbales de pretérito indefinido/imperfecto/perfecto:

	Salir			Ir		
(yo)	*salí*	*salía*	*he salido*	*fui*	*iba*	*he ido*
(tú)	....	....	....	....	....	....
(él/ella)	....	....	....	....	....	....
(nosotros/as)	....	....	....	....	....	....
(vosotros/as)	....	....	....	....	....	....
(ellos/ellas)	....	....	....	....	....	....

2. Completa con las formas verbales del indefinido:

1) Los alumnos (*leer*) .... todo el libro.
2) No (yo, *oír*) .... esos ruidos.
3) Mi madre no (*saber*) .... nada hasta el día siguiente.
4) Los niños (*ir*) .... al jardín.
5) Ayer (yo, *aparcar*) .... el coche en aquella calle.
6) María (*pedir*) .... dinero a sus padres.

3. Completa el siguiente texto con la forma verbal entre paréntesis más adecuada:

Querida Fuensanta:
(He recibido/Recibí) .... tu carta esta mañana.
Muchas gracias. Tu información me (ha sido/fue)
.... muy útil. Ahora ya (sé/sabía) ....
qué piensa Alberto de mí y cómo es realmente. Es tal y
como me lo (imaginaba/imagino) .... : ¡un
chico fantástico! Y además guapísimo. En estos
momentos (estoy/estaba) .... mucho más
enamorada de él. (Creo/He creído) .... que tu
carta me (ha abierto/abrió) .... los ojos.
Gracias de nuevo.
Amalia

4. Lee las siguientes palabras y pon los acentos gráficos donde corresponda:

1) lapiz
2) dificil
3) arbol
4) Maria
5) ojo
6) bonito
7) television
8) musica
9) practica
10) jardin
11) cafe
12) Panama
13) platano
14) facil
15) sofa
16) balon

I

1. Relaciona los elementos de cada columna:

a) nosotros/as	1) pensarán
b) ellos/ellas	2) pensaré
c) yo	3) pensará
d) vosotros/as	4) pensarás
e) tú	5) pensaremos
f) él/ella	6) pensaréis

2. Ordena las palabras y forma frases en futuro:

1) Marisol - vendrán - Isabel - la - no - y - a - fiesta

....

2) lo - pero - podré - siento - no - ayudarte

....

3) semana - iremos - que - playa - la - viene - todos - a - la

....

4) Pedro - su - me - cumpleaños - invitará - a

....

5) bebida - ellos - y - comprarán - comida - la - la

....

6) junio - ya - en - hablar - sabrás - español

....

3. Ordena el siguiente diálogo:

(1) Mariano: *–Entonces, espero tu llamada. ¡Adiós!*
(2) Miguel: *–Pues claro, hombre. Estás enamorado de ella, ¿verdad?*
(3) Mariano: *–Oye, parece una buena idea. ¿Irá Julia?*
(4) Mariano: *–Allí estaré. Será un fin de semana extraordinario. ¿Compro alguna cosa?*
(5) Miguel: *–Pasaremos el sábado y el domingo en la casa de campo de Julián. Vendrá mucha gente. ¿Vienes tú?*
(6) Miguel: *–Sí, te llamaré esta tarde y ya hablamos tranquilamente. ¡Hasta luego!*
(7) Mariano: *–Hola, Miguel. ¿Qué harás este fin de semana?*

....

4. Completa las siguientes frases con las palabras del recuadro:

estará	*irá*	*regalaré*	*llegaremos*	*vendrán*	*podrán*

1) Bárbara .... mañana a visitar a unos amigos.
2) Creo que le .... un disco de música rock.
3) Si no corren, no .... llegar a tiempo.
4) Andrés .... allí esperándote.
5) Mañana .... todos tarde a clase.
6) Creo que Lourdes y su novio no .... a la fiesta.

II

1. Pon estas frases en forma de futuro:

1) Julio y Alberto están en Inglaterra.
....
2) Los niños juegan con sus padres.
....
3) Ellas preparan una fiesta para su cumpleaños.
....
4) Compro comida para toda la familia.
....
5) Esta tarde empezáis a trabajar.
....
6) Mañana llega Francisco.
....

2. Completa con los verbos en la forma de futuro:

1) El tren (*salir*) .... a las cinco de la tarde.
2) Creo que yo no (*saber*) .... explicarlo.
3) ¿A qué hora (*venir*) .... tus amigos?
4) Paco (*querer*) .... hacer fotografías.
5) Nuestro profesor no (*dar*) .... clase mañana. Está enfermo.
6) Mi hermano te (*telefonear*) .... más tarde.

3. Transforma las siguientes frases según el modelo:

1) Diré la verdad. *Voy a decir la verdad.*
2) Llegará tarde. ....
3) Comerán en mi casa. ....
4) Se quedará hasta tarde. ....
5) Te llevará a pasear. ....
6) Lloverá mucho. ....
7) Tendrás mucha suerte. ....

4. Forma frases en futuro ordenando los elementos:

1) en - tú - vacaciones - tomar - agosto - las
....
2) invierno - nevar - el - próximo
....
3) no - en - clase - verano - haber
....
4) venir - tíos - semana - mis - este - de - fin
....
5) te - más - ver - (yo) - tarde
....
6) mañana - se - pronto - levantar - ellos - muy
....

III

1. Haz una frase con formas verbales de futuro:

1) (Mañana) ....

2) (Esta noche) ....

3) (En 1998) ....

4) (La próxima semana) ....

5) (El mes que viene) ....

6) (El próximo sábado) ....

2. Responde a estas preguntas:

1) ¿Qué piensas hacer el domingo?
....

2) ¿A dónde vamos mañana?
....

3) ¿Cuándo vas a España?
....

4) ¿Dónde cenas esta noche?
....

5) ¿Qué vas a hacer esta tarde?
....

6) ¿Qué harás mañana después de clase?
....

3. Escribe tu horóscopo deseado para la semana que viene:

1) Amor: ....

2) Trabajo/estudios: ....

3) Dinero: ....

4) Día de suerte: ....

4. Observa los dibujos y escribe qué harán los distintos personajes:

1) .... 2) .... 3) .... 4) ....

5) .... 6) .... 7) .... 8) ....

IV

1. Completa las formas verbales de futuro:

	Venir	Poder	Tener	Querer
(yo)	*vendré*	*podré*	*tendré*	*querré*
(tú)	....	....	....	....
(él/ella)	....	....	....	....
(nosotros/as)	....	....	....	....
(vosotros/as)	....	....	....	....
(ellos/as)	....	....	....	....

2. Transforma según el modelo:

1) El lunes va a llover. *El lunes lloverá.*
2) El clima va a cambiar. ....
3) La fiesta va a empezar. ....
4) Me voy a levantar. ....
5) Esta noche va a nevar. ....
6) Mañana se va a Madrid. ....
7) Le van a hacer muchas preguntas. ....

3. Escribe la forma femenina de las siguientes profesiones:

1) Pintor ....
2) Escritor ....
3) Profesor ....
4) Enfermero ....
5) Abogado ....
6) Camarero ....
7) Cantante ....
8) Economista ....

4. Escribe las palabras del recuadro en la columna adecuada, según el valor fonético de la *'r'*:

caro	*correa*	*Enrique*	*rosa*	*coro*	*radio*
guitarra	*corto*	*Israel*	*alrededor*	*risa*	*ropa*

[r]	[rr]

I

1. Transforma según el modelo:

1) Debemos cortar menos árboles. *Es necesario cortar menos árboles.*
2) Debemos cuidar las plantas. ....
3) Debemos limpiar los ríos. ....
4) Debemos ser más amables. ....
5) Debemos llegar más temprano. ....
6) Debemos estudiar más. ....
7) Debemos ayudar más a los mayores. ....

2. Relaciona los elementos de cada columna:

a) Dicen que el Everest	1) Everest no tendrá árboles.
b) Dicen que en el año 2000 el	2) está enfermo y cansado.
c) Dicen que debemos	3) la caza de ballenas.
d) Dicen que Japón y	4) mucha basura.
e) Dicen que la gente produce	5) proteger a las ballenas.
f) Dicen que quieren prohibir	6) Noruega cazan más ballenas.

3. Ordena las palabras y forma frases:

1) necesario - animales - a - es - proteger - los
....
2) ha - no - Noruega - prohibir - ballenas - decidido - caza - la - de
....
3) Mont Blanc - peligroso - cima - es - subir - la - a - del
....
4) menos - cada - España - quedan - vez - árboles - en
....
5) ríos - demasiado - los - sucios - están
....
6) para - es - cortar - naturaleza - malo - la - árboles - demasiados
....

4. Completa las siguientes frases con *por (lo) tanto/por esta razón/por consiguiente/así que:*

1) Hacer ejercicio es bueno. .... tenemos que hacer ejercicio.
2) Los mares están contaminados. .... no tenemos que tirar más basura.
3) La atmósfera está muy contaminada. .... tenemos que utilizar menos el coche.
4) Mucha gente nos necesita. .... tenemos que ayudar más a esa gente necesitada.
5) En el año 2050 habrá ya pocos árboles. .... tenemos que cortar menos árboles.
6) Comer derivados de la leche es bueno para la salud. .... tenemos que consumir más productos de este tipo.

II

1. Transforma según el modelo:

1) Es necesario tirar menos basura. *Opino que es necesario tirar menos basura.*
2) Es necesario asistir a clase. ....
3) Es necesario gastar menos energía. ....
4) Es necesario ayudar a los demás. ....
5) Es necesario pasear por el campo. ....
6) Es necesario hacer deporte. ....
7) Es necesario gastar menos agua. ....

2. Completa con *por qué/porque:*

1) ¿ .... está tan sucio todo? .... hemos organizado una fiesta.
2) ¿ .... estás estudiando? .... tengo mañana un examen.
3) ¿ .... no viniste ayer tarde? .... estaba enfermo.
4) ¿ .... no escuchas al profesor? .... me parece muy aburrido.
5) ¿...................... no ha venido Luis? .... está en Perú.
6) ¿...................... no nos vamos de paseo? .... estoy esperando a Marta.

3. Transforma según el modelo:

1) NO APARCAR
Creo que no debemos aparcar aquí.
2) NO FUMAR
....
3) NO PASAR
....
4) NO TIRAR BASURA
....
5) NO HABLAR
....
6) NO ENTRAR
....

4. Traduce a tu idioma:

1) Dicen que debemos respetar más las plantas.
....
2) Opino que debemos proteger los bosques.
....
3) ¿Por qué están tan sucios los ríos y mares?
....
4) Por esta razón los gobiernos han decidido ayudar a los países más pobres.
....
5) Porque tengo que estar en forma.
....
6) Se han hecho muchos estudios sobre la salud del hombre.
....

III

1. Contesta a las siguientes preguntas:

1) ¿Por qué fuman tantas personas?
....
2) ¿Por qué no respetamos más la naturaleza?
....
3) ¿Por qué hay tantas guerras?
....
4) ¿Por qué hay tantas personas pobres?
....
5) ¿Por qué no ayudamos más a los que están necesitados?
....
6) ¿Por qué no vas en bici al colegio?
....

2. Escribe lo que piensas sobre...

1) El deporte: *Creo/opino que* ....
2) La televisión: ....
3) Los españoles: ....
4) La organización Greenpeace: ....
5) Las guerras: ....

3. Completa las siguientes frases de relativo:

1) El coche, que ...., es mío.
2) La señora, que ...., trabaja en Greenpeace.
3) Este periódico, que ...., habla de la caza de ballenas.
4) El autobús, que ...., está siempre lleno.
5) Aquella joven, que ...., ha cambiado de dirección.
6) Este país, que ...., es muy frío.

4. Observa las distintas fotografías y escribe un titular de periódico para describirlas:

1) ....
....

2) ....
....

3) ....
....

4) ....
....

IV

1. Transforma según el modelo:

1) La mujer (*ver ayer*) *que viste ayer* es mi madre.
2) Se compró la moto (*más gustar a él*) ....
3) El árbol (*estar allí*) .... tiene más de cien años.
4) La mesa (*tú tener en el despacho*) .... es muy grande.
5) Aquí tienes los libros (*tú dejar en casa de Fernando*) ....
6) El último partido de fútbol (*yo ver*) .... fue muy aburrido.

2. Ordena las palabras y forma frases que expresen opinión:

1) llamarlo - creo - teléfono - debes - que - por
....
2) todo - que - debemos - bien - opino - dejarlo - ordenado
....
3) no - buena - creemos - idea - que - es - una - casa - quedarnos - en
....
4) debería - opino - regresar - que - él - país - su - a
....
5) que - creo - todos - ayudar - salvar - la - a - tierra - tenemos - que
....
6) solución - que - esta - creo - mejor - la - es - todas - de
....

3. Escribe cinco palabras con...

1) ñ: ....
....
2) b: ....
....
3) v: ....
....
4) h: ....
....

4. Escribe una frase explicando cada una de estas palabras:

1) Isla: ....
2) Ballena: ....
3) Salud: ....
4) Turismo: ....
5) Tabaco: ....
6) Laboratorio: ....

I

1. Relaciona los elementos de cada columna:

a) Debemos recorrer	1) antes de cerrar
b) He de estudiar para	2) la casa.
c) Tenéis que preparar	3) casi 20 km.
d) Hay que limpiar toda	4) el examen.
e) Hemos de llegar	5) la bicicleta.
f) Tengo que arreglar	6) la cena de mañana.

2. Ordena este diálogo:

(1) Andrés: *–Tienes razón.*
(2) Bernardo: *–Bueno, quiero irme a Asturias a practicar bicicleta de montaña con unos amigos.*
(3) Bernardo: *–¡Bah! ¡No creas! Bueno, me voy. Tengo que estudiar y tú deberías hacer lo mismo, Andrés.*
(4) Andrés: *–No sé. Las matemáticas de este curso son muy difíciles, hay que estudiar mucho.*
(5) Andrés: *–¡Qué suerte! Y ¿cuándo te marchas?*
(6) Bernardo: *–Bueno, antes tengo que terminar el curso. Quiero sacar buenas notas. Así no tendré problemas en casa y podré irme a Asturias, pero he de trabajar mucho.*
(7) Andrés: *–¡Hola, Bernardo! ¿Qué vas a hacer este verano?*

....

3. Escribe las formas de imperativo de los siguientes verbos:

1) Respetar	*respeta*	*respetad*	5) Escribir	....	....
2) Comprar	....	....	6) Callarse	....	....
3) Hablar	....	....	7) Mirar	....	....
4) Sentarse	....	....			

4. Observa los siguientes dibujos y relaciónalos con la frase más adecuada del recuadro:

Cierra la ventana	*Callaos, por favor*	*Marca el número*
Toma un café	*Abre la puerta*	*Dame esa camisa*

1).................................

2).................................

3).................................

4)................................

5)................................

6)................................

II

1. Completa las frases:

1) Para viajar es necesario ....
2) Para conducir un coche tengo que ....
3) Para ver esa película tenéis que ....
4) Para pintar la mesa, has de ....
5) Para ver el partido de fútbol hay que ....
6) Para hablar bien el español debéis ....

2. Transforma según el modelo:

1) Hay que correr más. *Corre más.*
2) Hay que ir a casa. ....
3) Hay que hablar español. ....
4) Hay que escribir mejor. ....

5) Debéis estudiar más. *Estudiad más.*
6) Debéis leer más. ....
7) Debéis dejar eso. ....
8) Debéis fumar menos. ....

9) Tocad el piano. *Tenéis que tocar el piano.*
10) Callad. ....
11) Abrid el libro. ....
12) Dormid menos. ....

13) Acompáñame. *Has de acompañarme.*
14) Escúchame. ....
15) Bésame. ....
16) Llévame. ....

3. Transforma las siguientes frases en negativas:

1) Tira este papel. *No tires este papel.*
2) Sube a la silla. ....
3) Sal a la calle. ....
4) Pon el libro en su sitio. ....
5) Bebe el agua. ....
6) Grita. ....
7) Ve despacio. ....

4. Traduce a tu idioma:

1) Pulsa las teclas roja y azul.

....

2) No olvides tu ropa.

....

3) Debemos ir en bicicleta: es imposible en coche.

....

4) Tengo que preparar la fiesta de cumpleaños.

....

5) Hay que andar mucho para llegar a la cima.

....

6) Antes de salir de viaje, poneos siempre el cinturón de seguridad.

....

III

1. Escribe lo que harías para... (utiliza *tengo que/he de/debo/hay que*):

1) No llegar tarde: ....
2) No pasar frío: ....
3) Estar en forma: ....
4) Viajar a España: ....
5) Ir a la playa: ....
6) Hacer una paella: ....

2. Completa las frases:

1) Antes de salir de viaje ....
2) Antes de acostarte ....
3) Para ponerte moreno ....
4) Antes de ir a México ....
5) Para evitar problemas ....
6) Al acabar este ejercicio ....

3. Escribe para qué sirven los siguientes objetos:

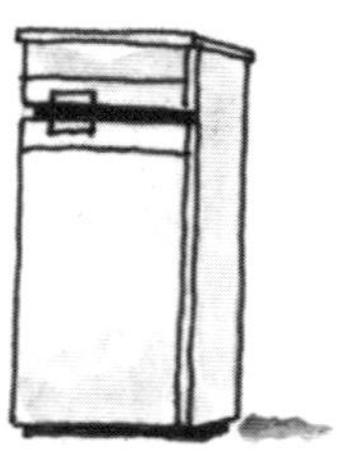

1)..................................

2)..................................

3)..................................

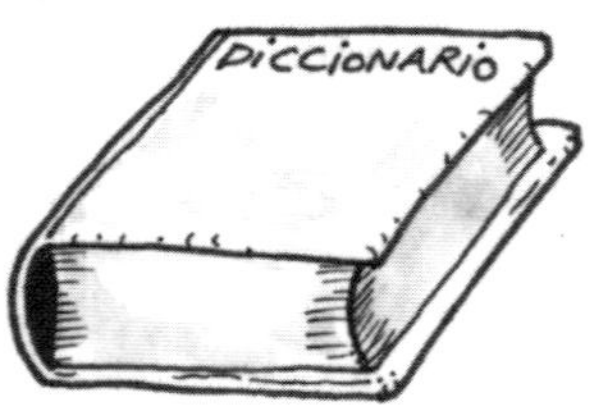

4)..................................

5)..................................

6)..................................

4. Explica cómo utilizar un cajero automático:

1) ....
....

2) ....
....

3) ....
....

4) ....
....

5) ....
....

6) ....
....

7) ....
....

8) ....
....

9) ....
....

IV

1. Completa con las formas de imperativo:

Escuchar

(tú)	*escucha*	*no escuches*
(vosotros/as)	....	....
(usted)	....	....

Comer

(tú)	....	....
(vosotros/as)	....	....
(usted)	....	....

Conducir

(tú)	....	....
(vosotros/as)	....	....
(usted)	....	....

Leer

(tú)	....	....
(vosotros/as)	....	....
(usted)	....	....

2. Responde usando el imperativo:

1) ¿Gritamos? *Gritad.*
2) ¿Subo? ....
3) ¿Vamos a la playa? ....
4) ¿Hago una paella? ....
5) ¿Vendemos los libros? ....
6) ¿Hablo español? ....
7) ¿Traemos unos cafés? ....

3. Completa con *a/para/por:*

1) Necesitamos sacos de dormir y mantas .... pasar la noche.
2) Nos gusta pasear .... el parque.
3) Creo que mañana nos vamos .... la playa.
4) Hacer deporte es bueno .... la salud.
5) El próximo pueblo está .... 30 km.
6) Aquella casa es preciosa .... dentro.
7) Vive .... unos doscientos metros de aquí.
8) Estos regalos son .... mi novia.

4. Completa las palabras con alguna de estas letras o secuencias *c/qu/g/j/gu:*

.....asa	.....ersey
.....eso	.....imnasia
Mi.....el	.....ampo
.....efe	.....ris
.....ince	.....ante
.....orro	.....erez